I0006967

1

CLAVES
PARA COMUNICAR
POR ESCRITO

NARRATIVA INFORMACIÓN REDES

© JOAQUÍN PÉREZ

IDEAS PARA COMUNICAR POR ESCRITO

La buena escritura hace que el lector se sienta como un genio.
La mala escritura hace que el lector se sienta como un idiota
Steven **Pinker**

JOAQUÍN PÉREZ

Periodista y Escritor, especializado en Marketing, Imagen y Comunicación. Ha trabajado en distintos medios de comunicación, Radio, Prensa, Televisión y Agencias Informativas. Especializado en Periodismo Digital, Creación de Contenidos para Internet y Marketing Online. Autor con más de veinte libros publicados (novela, ensayo, poesía…), ha obtenido múltiples galardones literarios, quedando finalista en distintos premios de narrativa, periodismo y ensayo. Ejerce como analista de actualidad para diversas editoriales y medios de comunicación, convencionales y online.

www.facebook.com/EscritorPeriodista

PRESENTACIÓN

Este libro contiene las claves básicas de modo que todo texto cumpla su función y consiga el éxito para el que fue concebido, ya sea un relato de ficción, una noticia, un comentario en las redes sociales o una nota publicitara.

Escribir un texto de gran éxito no es fácil, como demuestran los miles que lo intentan y los pocos que lo consiguen. Ante tal exigencia, la edición en formato eBook proporciona una nueva vía de acceso para cualquiera que se considere con aptitudes. Aquí aprenderás cómo ser tu propio editor y publicista.

En el apartado de las redes sociales podrás destacar entre los demás comunicando tus ideas, pensamientos, mensajes y emociones con identidad personal y eficacia. Porque la mayoría sólo se comunica con emoticonos y con frases o epigramas ajenos, ya que no saben escribir sus propios argumentos.

El que ve una frase que le parece atractiva en las redes sociales pulsa "me gusta" o añade una carita sonriente, pero no sabe argumentar por sí mismo. En todo caso, y como máximo comentario, algunos escriben "Totalmente de acuerdo", y con eso ya piensan que han expresado una opinión. Pero en realidad no han expresado ninguna opinión: sólo ha escrito "Totalmente de acuerdo". Y tú no puedes permitirte a la vista de todo el mundo ese nivel tan escaso de comunicación personal.

Joaquín Pérez ha combinado los valiosos consejos y claves estilísticas con los actuales métodos y estrategias de Marketing Editorial y Redacción para las plataformas digitales online a fin de comprender cómo se triunfa hoy día en el mundo de la creatividad literaria. Por ese motivo, este libro no sólo es un manual de buenos consejos, también es una obra muy útil para evitar los errores más habituales.

CÓMO CREAR UN TEXTO LITERARIO

Tres ejemplos de súper ventas

La fórmula del best-seller sigue siendo un gran secreto, casi tan grande como la fórmula de la Coca Cola. Los autores que han alcanzado grandes ventas en el formato clásico de papel son imitados de inmediato por otros muchos que desean salir de su anonimato logrando la misma repercusión. Y ahí radica el primer error, porque la propia obra que ha tenido éxito satura el mercado y los lectores ya no se inclinan por un tema similar, buscan siempre algo distinto.

El código Da Vinci

El caso de *El código Da Vinci*, el best-seller escrito

por el norteamericano Dan Brown, es un claro ejemplo. Dicha novela tuvo una extraordinaria repercusión mediática mundial, generando cientos de libros con similar temática, una mezcla entre lo histórico, lo paranormal, el misterio, la religión, los enigmas, aderezado con crímenes e intrigas en un cóctel nada verosímil y bastante descabellado, pero que funcionó, en parte tal vez por aludir a una persona tan reconocida mundialmente como Leonardo da Vinci.

Sin embargo, cuando el propio autor quiso repetir la fórmula con la siguiente novela, y las posteriores, ya no funcionó. Su propia obra inicial había saturado por completo el interés de los lectores hacia dicha temática, de manera que hoy día, y tras haber publicados tres o cuatro obras más que han pasado sin pena ni gloria, ya ningún autor le imita.

Los lectores cambian rápido de gustos, cogiendo por sorpresa incluso a los propios expertos editoriales, que cada vez reaccionan de modo más lento ante los gustos, preferencias y tendencias del mercado.

La sombra del viento

Una novela con mucho éxito e inmediatamente posterior a *El código Da Vinci* fue *La sombra del viento*, del escritor español Carlos Ruiz Zafón. La temática era completamente diferente, nada internacional y del todo localista, centrada sólo en Barcelona, pero al parecer los lectores de toda Europa estaban deseosos de una historia como esta, más intimista y verosímil, con más carga de romanticismo gótico, incluso casi de carácter juvenil, tan similar a los antiguos folletines que gustaron mucho a principios del siglo XX, como *El Fantasma de la Ópera*, y además también escrita con más carga literaria y eficacia narrativa.

Ante tal éxito, en años posteriores a su aparición (allá por el año 2000) surgieron imitadores de Zafón hasta debajo de las piedras, ninguno de los cuales logró nada ni remotamente parecido. Y de nuevo, como en el caso de Dan Brown, el escritor español sucumbió a su propio éxito, ya que sus dos novelas posteriores (editadas dentro de la misma tetralogía) experimentaron un acusado descenso de ventas y de interés, junto a un ingente aluvión de críticas debidas al bajón de calidad e inspiración experimentado por el autor.

El descenso de calidad literaria y la fatiga temática del mercado hacia este relato han acabado por amenazar el futuro creativo del autor, que habrá de hacer un esfuerzo considerable cuando publique una nueva obra si quiere recuperar la credibilidad ante sus lectores, repitiendo su épico éxito logrado con *La sombra del viento*.

50 sombras de Grey

El tercer ejemplo a estudiar es el archiconocido best-seller de contenido argumental erótico titulado *50 sombras de Grey*, de la autora E. L. James, toda una novedad temática cuando apareció, ya que hasta ese momento millones de lectores (sobre todo lectoras) en todo el mundo no conocían ninguna obra que tratara el sexo de un modo tan explícito y directo, poniendo con ello de relieve la escasa cultura literaria, ya que novelas donde lo sexual, incluso el sadismo figura en grado máximo y turbador, existen desde hace más de un siglo, como las del Marqués de Sade, principalmente *Justine*.

De nuevo, centenares de escritores y escritoras anónimos se lanzaron entonces a reproducir este mismo argumento, inundando el mercado literario con miles de títulos de similar temática, con lo cual se han acabado eclipsando los unos a los otros y nadie ha sobresalido en particular, fatigando a las lectoras con tantas y variadas proezas sexuales, que a estas alturas, en lugar de morbo causan risa o ridículo.

En estos momentos, las editoriales tratan de localizar la nueva temática que desean los lectores para ofrecérsela, demostrándose con todo esto que la famosa pero ignota fórmula del best-seller no debe ser tan fácil de concretar, pues cuando se ha intentando consultando con encuestas al mercado, el resultado es demasiado variopinto y subjetivo, no hay ninguna motivación aparente por parte de los lectores en masa que permita poner de acuerdo al mercado literario como tal, y por eso la recomendación principal es no intentar clonar, sino apostar con fe absoluta cada uno por su estilo y temática personal.

CLAVES TEMÁTICAS DE LA NARRATIVA

Los lectores no saben lo que quieren leer. Esperan que las editoriales y los escritores se lo digan, de modo que, a priori, debes escribir lo que intuyas que podría estar más de actualidad entre la opinión pública.

Las editoriales, por muchos estudios de mercado que hagan, no saben lo que quieren los lectores. Lanzan títulos con temas a ver si aciertan, pero muchos acaban en fracaso, como cuando hace unos años intentaron poner de moda los ángeles tras el éxito literario juvenil sobre vampiros llamado *Crepúsculo*.

Olvídate de seguir las modas. Crea tu propia tendencia siendo fiel a ti mismo. Si tu tema funciona te convertirá en único.

Dicho esto, ahora olvida el punto anterior. Si tienes ya

un buen tema relacionado con alguno de los últimos best-seller, utilízalo. Porque ser el segundo en la lista de los más vendidos también puede considerarse un éxito.

Convierte a tus personajes de ficción en Arquetipos bien identificables. Para ello no basta con otorgarles un determinado nombre y forma de actuar en la trama. El Arquetipo es lo que realmente los hace identificables para los lectores.

Crea tensión entre los opuestos, el mal contra el bien, el rico en contra del pobre o de los pobres, el bueno y el malo, el amor o el sexo; las tensiones derivadas de los distintos comportamientos humanos y diversidades emocionales. La confrontación de personas, ideas, colectivos, etc. es fundamental para toda trama.

Contemporiza, crea vínculos temáticos desde lo que cuentas en el argumento hacia lo más actual.

No cuentes de más, deja que haya información y datos no descritos pero insinuados en la trama. Lo no dicho, pero conocido por el autor, se adivina en el texto confiriéndole un valor más allá de lo aparente.

Consigue que los lectores se identifiquen con alguno de los personajes.

Terminar bien o mal una trama depende de las modas en cada época. Hubo un tiempo en que si la novela no terminaba mal no era considerada como seria. En el momento actual, parece que si la historia relatada no acaba bien, el lector se siente contagiado y puede distanciarse del autor, rechazando la siguiente obra o no difundiendo la presente como buena. Una opción es la de los finales abiertos, cada vez más aceptados.

La buena escritura literaria no pretende copiar la realidad, como una fotografía. La literatura hace arte con la realidad, como sucede con la pintura. La literatura es un simulacro, crea una nueva realidad en la mente del lector. Verdad y ficción discurren siempre paralelos, pero nunca llegan a tocarse. Contar la verdad es oficio del periodismo, no de la literatura.

Cuanto más eficaz es el escritor, menos percibimos el

estilo personal, y eso es lo correcto, pues e estilo es un medio, no un fin. El narrador tiene que desaparecer en el texto, aunque el autor lo sustituya por una figura virtual, por un personaje dentro o fuera de la trama que hace las veces de narrador.

Si quieres demostrar que escribes bien, ya estás escribiendo mal. Intentar lucirse con el estilo es hacer que los lectores no crean en la realidad de lo que cuentas.

Tienes que conseguir que no se perciba la escritura, pero sobre todo que tu lenguaje se convierta en imágenes dentro de la cabeza del lector conforme avanza en la trama. Tienes que generar una ilusión de realidad.

MITOS

*Falsedades en torno a la Literatura,
los Libros y los Escritores*

Antes de ponerte a escribir es conveniente desenmascarar los falsos mitos en torno al oficio, desactivar los errores y falacias que se han ido acumulando alrededor. Aquí te presento unos cuantos, los más comunes.

La realidad supera la ficción

Falso, porque si la gente adquiere novelas (narrativa) es precisamente para escapar del tedio que supone la realidad, en ocasiones tan agobiante como una prisión. La ficción es más atractiva, nos permite soñar, dejar que vuele la imaginación, tomarnos un respiro y aprender las claves de la vida de un modo más atrayente y motivador. Ahí radica el gran valor de los libros y la literatura.

Los personajes cobran vida propia

No te dejes confundir por este falso aserto tan usado por muchos escritores para ocultar su improvisación. Los personajes los crea el autor con su imaginación y de acuerdo a la trama ideada o por idear.

En ocasiones, cuando un autor no ha desarrollado por completo la trama de su novela puede ir improvisándola sobre la marcha. Y dicha improvisación influye también sobre los personajes y sus acciones.

Algunos autores, quizá motivados por otorgar un halo de mayor misterio y trascendencia a la escritura, prefieren suponer que los personajes cobran vida propia y hacen lo que quieren, sin que el autor pueda evitarlo, cuando en realidad sólo están improvisando sobre la marcha, lo cual no desmerece nada el proceso creativo.

Documentarse

Desde hace un tiempo parece que documentarse para escribir una novela tiene más mérito que la calidad literaria o el propio argumento. Parece como si tuviéramos que agradecerle al escritor que se haya tomado la molestia de haber consultado en Google o haberse leído algunas obras para elaborar la suya.

Pero el escritor literario no es un ensayista, sino un creativo. Y si tanto mérito piensa que tiene lo de documentarse quizá lo mejor sería que se dedique al ensayo y deje la literatura.

El peligro de documentarse en exceso es que luego no sepas renunciar y seleccionar lo esencial de entre toda esa información acumulada, y quieras embutirla toda en la novela, con lo cual ya no es una obra de narrativa sino un ensayo novelado.

Umberto Eco se documentó ampliamente sobre la Edad Media y el conflicto entre franciscanos y dominicos, pero no lo hizo para escribir su exitosa novela histórica *El nombre de la rosa*, sino que su estudio tuvo de motivo la tesis doctoral con la cual se licenció. Toda esa información, bien asimilada mentalmente, le sirvió años después para escribir su novela.

En cambio, muchos novelista de hoy escriben con el Google y la Wikipedia, quizá por eso todas las novelas han acabado pareciéndose y adolecen de ingenio y creatividad.

Los escritores somos…

La mayoría de los escritores, cuando son entrevistados, generalizan incluyendo a todos los demás en su propia opinión. Y en lugar de hablar sobre sí mismo, cuando se le consulta sobre algo, meten a todos los demás escritores en el mismo saco, afirmando que "los escritores somos...", y a continuación argumentan lo que desean señalar.

Esto es ridículo, porque los escritores, ni de manera individual o colectiva, piensan lo mismo. Entonces, ¿por qué un escritor tiene la necesidad de hacer que los demás escritores coincidan con sus opiniones? Muy sencillo: para ponerse a sí mismo delante de todos al emitir sus opiniones, lo cual es un rasgo de vanidad.

CERTÁMENES LITERARIOS

El Gran Circo editorial

Los premios literarios han sido desde siempre una buena opción para darse a conocer cuando todavía no se tiene obra publicada. Pero una cosa es presentarse con esa idea y otra es pretender ganar. Dependiendo del tipo y nivel del premio esto es posible o imposible.

Los premios de narrativa corta que patrocinan empresas, entidades locales y provinciales están al alcance de cualquiera que presente un texto bien escrito y original. Existe un autor asiduo desde hace muchos años a tales certámenes que pasa por ser el que más premios ha ganado de la historia, una buena suma de dinero, aunque su nombre no sea conocido debido a la escasa o nula repercusión mediática de tales certámenes.

Circula el rumor de si los grandes certámenes literarios de las grandes editoriales podrían estar pactados, concedidos de antemano al autor designado ese año por la editorial convocante. Pero esto no es un rumor, es una realidad que no admite discusión.

Los grandes premios en dinero y repercusión mediática se los llevan, como puede comprobarse año tras año, escritores ya consagrados y conocidos. Esto es así porque las editoriales que desembolsan el dinero del premio necesitan tener un mínimo de seguridad en que lo van a recuperar cuando el libro premiado se ponga a la venta, y eso tan solo puede garantizarlo un escritor ya conocido para el gran público, aunque otro autor desconocido haya presentado al mismo certamen una obra mucho mejor en cuestión de calidad.

Cada vez más críticos literarios consideran esto un fraude, una farsa que perjudica y socava la credibilidad del mundo editorial, porque los lectores no cuentan con la garantía de que la novela premiada sea buena. De hecho, las novelas premiadas en este tipo de certámenes han sido escritas de modo apresurado, acomodándose a las indicaciones temáticas y comerciales de los editores, en su deseo de lograr el máximo impacto de ventas aunque no tengan el mínimo de calidad.

En las ventas de saldo de los libros que no se han vendido a lo largo de un año pueden verse muy a menudo novelas que han obtenido un importante galardón, pero que son tan mediocres que casi nadie ha comprado, mientras que otras obras de autores desconocidos son descartadas por el jurado sin ofrecerles la menor oportunidad.

Por ejemplo, *La sombra del viento*, de Carlos Ruiz Zafón, quedó entre los finalistas de un importante premio literario. El galardón le fue concedido a una obra de la que hoy nadie se acuerda, mientras que la novela de Zafón (que publicaron finalmente a regañadientes) ha superado los diez millones de ejemplares vendidos en todo el mundo. Pero insisto:

nadie se acuerda del escritor o escritora que ganó aquel importante premio literario.

Te preguntarás con qué cara irá todos los días a trabajar el editor que rechazó premiar la excelente obra *La sombra del viento*, premiada con múltiples galardones mundiales. No lo sé, pero estoy seguro que dicho editor lo justificará de algún modo, todo menos reconocer jamás que la novela de Zafón era la que deseaba leer el público.

Visto esto, lo mejor quizá sea olvidarse de los premios literarios de relieve y relumbrón, porque desde luego no sólo están concedidos de antemano, sino en ocasiones (y es una práctica que va en aumento), ya están impresos antes incluso de que se conceda el premio públicamente, para que salgan a la venta en cuanto se dé a conocer al ganador.

Pero es que la edición de libros es un negocio, no una ONG, y si deseas pertenecer a este mundo profesional tienes que aceptarlo como es, no como debería ser. Los escritores consagrados no pueden quejarse aunque lo sepan, porque serían castigados por el lobby editorial, ya no les publicarían nada por denunciar este complot. Algunos críticos valientes no están de acuerdo en mantener este falso montaje y se niegan a pertenecer a los jurados que premian a los escritores "de siempre", porque son una camarilla que se reparte los premios, hoy por ti, mañana por mí.

He leído las declaraciones de algún crítico diciendo que en cuestión de premios literarios amañados, España es el país más corrupto del mundo civilizado, demostrando con ello un nulo interés por la literatura.

Por todo esto, una buena idea pude ser presentarse a los premios literarios de otros países, donde todavía se valora la calidad y la originalidad, sin necesidad y exigencia de que el autor sea conocido. En Francia, por ejemplo, cualquier autor con suficiente calidad puede ganar el Goncourt, el galardón más cotizado de la literatura gala y uno de los más importantes del mundo.

De todas formas, si eres mujer, sólo por el hecho de serlo, ya tienes varios puntos ganados para que te premien o publiquen tu obra, ya que de unos años a esta parte impera la exigencia de publicar obras escritas "por y para mujeres", sin importar la calidad ni el contenido, como no sea que la protagonista de la novela también sea mujer.

Con todo esto no minusvaloro la gran cantidad de mujeres que escriben muy bien, pero dividir a los lectores con la falsa propuesta de literatura femenina o masculina, trasladar el género a la calidad, me parece un paso más para decepcionar a los lectores de ambos sexos, ante semejante circo montado para vender sin importar la cantidad ni el futuro de la creación.

SEGUNDA PARTE

CLAVES DE COMUNICACIÓN INFORMATIVA

La redacción informativa es uno de los grandes códigos de nuestro tiempo, que utiliza los medios de masas (desde los más tradicionales como el periódico, hasta los más actuales como Internet) para transmitir información sobre hechos y acontecimientos de relevancia o interés social y crear así estados de opinión, lo que llamamos *opinión pública*.

Como indican los expertos en comunicación Álvarez y Caballero: "los medios de comunicación son elementos fundamentales para crear la opinión pública, merced a su capacidad para incidir en las audiencias masivas, así como la posibilidad de constituirse en plataforma de encuentro y discusión por parte de los sectores sociales, líderes y expertos implicados".

Un texto informativo debe ser claro, preciso, directo, veraz e interesante para la mayoría. Y debe contribuir además a dar forma (in-formar) a la opinión del lector, oyente y televidente. Para ello deben aplicarse las siguientes claves:

Adjetivar lo menos posible

Los adjetivos calificativos impregnan los hechos con la opinión o al menos el punto de vista de quien escribe. Para que un texto mantenga el equilibrio y la independencia deberá evitar ser *contaminado* con opiniones o juicios de valor de ningún tipo. Hay que exponer lo más claramente posible lo que son hechos y opiniones y no aventurar hipótesis que no puedan probarse o no tengan relación causa-efecto con los hechos que se describen. Deben incluirse datos que ayuden al lector a hacer comparaciones, deducciones y valoraciones por sí mismo.

Los tiempos verbales

En un texto informativo debe quedar perfectamente clara la relación tiempo-acontecimiento. Para ello deben utilizarse correctamente los tiempos verbales, evitar los gerundios, participios y tiempos compuestos. El verbo en presente aporta inmediatez y actualidad. Observa cómo los titulares de los periódicos o los sumarios en la radio y televisión usan el denominado pasado-presente para hechos ocurridos ayer o a lo largo del día, de manera que transmiten la sensación de actualidad.

Usar la palabra más adecuada

El comunicador ha de conocer bien el idioma en que se expresa y usar siempre el término más adecuado y exacto que defina el concepto, cosa o idea. Se prefieren las palabras de uso común a los tecnicismos, pero no deben usarse vulgarismos.

Frases breves y concisas

El género informativo se distingue por su precisión y concisión en el uso del idioma. Las frases deben ser cortas, construidas a base de Sujeto, Verbo y Predicado. La extensión máxima será de 20 palabras. No obstante, es un rasgo de estilo variar en la medida de lo posible esta estructura para dar agilidad al lenguaje y que no sea aburrido.

La redacción informativa es más que el uso de la sintaxis y la gramática para expresar conceptos e ideas; se comunica también por medio de la semiótica, el sonido y el grafismo. Para construir los mensajes que aparecerán luego en los periódicos y en las revistas, es necesario efectuar un *andamiaje* previo que sostiene en la página los distintos elementos gráficos que refuerzan el texto, lo identifican, lo segmentan, lo separan, lo distribuyen según parámetros de superficie-importancia, ayudan a interpretarlo y a que el lector lo identifique mejor. Estos elementos gráficos propios del periodismo son los siguientes:

Estructura en Pirámide

Texto redactado en pirámide invertida, es decir, de mayor a menor importancia. Se comienza por el hecho más importante, y se va decreciendo en importancia según se avanza en la escritura.

Entradilla

Primer párrafo de la información, diferenciado del texto principal por medio de la tipografía. Es un resumen de lo más importante. Ha de ser autónomo y comprensible por sí mismo. No ha de contener más de 50 palabras. Una forma fácil de redactarla es contestar a las preguntas Qué, Quién, Cómo, Dónde, Cuándo y Por qué, que son las denominadas W`s en el periodismo anglosajón.

Titular

Resumen en una o dos líneas de lo más importante que dice la información. Va en un tamaño superior de fuente. Ha de ser breve pero respetando la sintaxis. Tiene que contener un verbo en acción, preferentemente en tiempo presente. Evitar los tiempos de verbo compuestos, así como las cifras y los signos de puntuación.

Antetítulo y Subtítulo

Frases de una línea que van antes o después del título, en un cuerpo inferior y algunas veces subrayado. Complementan o amplían la información del título.

Sumario

Frase importante sacada del texto y destacada por medio de un tamaño de fuente más grande o integrada en un fondo tramado u otro método gráfico.

Ladillo

Titulillo en medio del texto, justificado al lado izquierdo de la columna (de ahí su nombre), escrito generalmente en negra o en otro tipo de letra. Suele tener una sola línea. Sirve para articular el texto y darle claridad y facilitar su lectura.

MICROBLOGGING

Ampliar la Influencia en las Redes Sociales

Las Redes Sociales nos obligan a ser creativos y a comunicarnos mejor si queremos tener influencia, pues aunque las posibilidades para conocer gente son ilimitadas, el propio carácter masivo del medio nos exige saber trasladar un mensaje definido y una idea concreta de nosotros mismos.

Lo que comunicamos a través de las Redes Sociales no debería tomarse a la ligera, ya que se trata de una parte activa de nosotros mismos, nuestra identidad online. "Las Redes Sociales proporcionan una capa de información adicional, y esta vista social aporta mucha más información de la que hasta hace poco se disponía, pero no sustituye, sino que complementa", opina Rodrigo Miranda, director general de Internet Academy.

Facebook es una red popular de influencia masiva orientada a las relaciones personales, aunque también siga usándose por los profesionales. Twitter es ya la segunda red de *microblogging* usada para buscar empleo, con un 20 por ciento de uso frente al 64 por ciento que goza Linkedin, la red más profesional de todas.

Para la red que sea, el mensaje y la imagen son los dos ejes principales de la marca personal (Branding), por eso hay que ser creativo y proactivo, comprender que la identidad no sólo la crea lo que digas en tu perfil, sino todo el conjunto de claves que configuran la propia estructura de la red que uses.

La identidad digital es la suma global de tu perfil, la percepción en conjunto de quién eres, lo que se desprende a verificar el rastro que dejas en los medios, las redes, los blogs, webs y los datos que de ti ofrezcan los buscadores, como Google. La identidad digital puede parecerse a la identidad personal o por el contrario ser tan diferente que nadie te pueda conocer.

En tal sentido, como afirmó el novelista francés del siglo XIX Alphonse Karr, "toda persona tiene tres caracteres: el que exhibe, el que tiene y el que cree tener". Para intervenir con éxito, seguridad y eficacia en las Redes Sociales tienes que tener muy claro tal diferenciación, aunque luego puedas utilizarla como te convenga, creando por ejemplo un Avatar.

El medio es muy masivo, de modo que como ha quedado dicho, tienes que aprender a diferenciarte, a distinguirte y transmitir la relevancia que ofreces como persona. Y no basta con ser gracioso o simpático.

Hay que ser creativo y original. Olvida los estereotipos y las expresiones comunes, ya tan desgastadas, como esas de "namasté", "soy amigo de mis amigos", "estudié en la universidad de la vida (o de la calle)", etc. Crea un perfil más personal y que te distinga frente a tanta banalidad.

También habrás de crear un estilo estético y mantenerlo. Piensa bien qué tipo de imagen te define y respalda el mensaje que deseas transmitir para que los demás te conozcan. Elige las fotos propias, mensajes, ilustraciones, fondos, etc. de acuerdo a una estética integrada en el conjunto de toda tu marca personal. Mantén la imagen elegida, porque si la vas cambiando a cada momento puedes transmitir la idea de indefinición y falta de personalidad.

No repitas los argumentos de moda o que difunden otras personas. Crea tus propios argumentos. Lanza nuevas ideas. Evita *filosofar* si lo tuyo no es la filosofía. No intentes pasar por una persona culta, profunda y sofisticada si luego no sabes expresarte por escrito en consecuencia cuando llegue la ocasión. Comunica con sencillez y llaneza. No finjas lo que no eres, porque así sólo engañarás a los que están por debajo de tu nivel, y esa es una pobre aspiración.

No ofrezcas demasiada información. Hay que mostrarse amable y asequible, pero creando cierta distancia y contención. Tienes que conferirte un halo de prestigio, que no parezca uno más deambulando sin rumbo a la caza de solitarios como tú. Puedes y debes confraternizar, pero estableciendo bien clara una línea roja que nadie debe rebasar. No consientas familiaridades ni *confianzas* en exceso. La persona que quiera conocerte que lo haga al mismo tiempo que se deja conocer.

Obra como lo harías en la vida of line, pregunta si tienes dudas, ahonda en las conversaciones, aunque para ello tendrás que mejorar tu capacidad de comunicar por escrito. No abuses de los emoticonos, exprésate con mayor riqueza verbal y amplitud. La persona que abusa de los emoticonos termina pareciendo un robot.

Refiriéndose a Twitter en concreto, expresarse con tan sólo 140 caracteres puede parecerte una novedad, una proeza comunicativa, pero eso mismo es lo que vienen haciendo los periodistas desde hace más de un siglo, así que si de seas aprender y mejorar, te recomiendo que repases los titulares y los encabezamientos de prensa, y verás cómo sintetizan las noticias usando las palabras y la sintaxis con precisión.

MÁRKETING ONLINE

Las redes sociales (Facebook, Twitter, Instagram, Linkedin, Tuenti…) y las aplicaciones de contacto telefónico (Whatsapp) han venido a cambiar los conceptos de la imagen y la comunicación personal. Para obtener un mejor partido estratégico y comunicativo en la Red tienes que comprender las claves del Social Media Marketing Personal, una serie de tácticas para incrementar tu éxito social y profesional en Internet.

La mayoría de las personas (hombres y mujeres) le otorgan una gran importancia al vestuario y a los complementos, intentando forjar un estilo propio, mantenerse a la moda y comunicar el mensaje que desean prevalecer por medio de su imagen, más o menso calculada. Pero en el Marketing Personal enfocado a Internet, la vestimenta pierde importancia y la gana el saber comunicar mensajes atractivos e influyentes, construyendo una imagen global de todo tu entorno.

Ante lo masivo del medio, en Internet hace falta saber destacar, sobresalir, ser diferente, personalizar tu mensaje, aunque sin olvidar que no todo es imagen, también tendrás que formarte y ofrecer una relevancia, que tenga que ver con tu estilo, tu personalidad, los cometidos que sabes desempeñar en particular, el carisma y las actitudes que despliegas ante la vida, no sólo cuando todo va bien, sino ante los retos y los desafíos que nos impone un mundo cada vez más veloz y exigente.

Cuando cumples con todo ello lo transmites a través de cada mensaje, formando una parte conjunta y articulada en toda la imagen global que poco a poco deberás ir construyendo. Nada convence más de tus valores y eficacia que la propia convicción personal ante los momentos de mayor exigencia, lo cual se denomina liderazgo, y en eso te tienes que convertir para ganar influencia.

Porque no se trata sólo de parecer simpático y original, ser una persona popular según las reglas de las redes sociales tan sólo es una faceta de todo el Social media Marketing, pero lo que de verdad importa es construir una trayectoria coherente con lo que vales, o ante los primeros problemas perderás credibilidad.

En Internet, es difícil crearse una imagen de verdad influyente y muy fácil destruirla, por eso debes conocer las claves para crear el mejor vehículo de influencia y persuasión, por medio de lo que dices y cómo lo dices, también de lo que haces y lo que te diferencia frente a los demás.

No basta con saber relacionarse y transmitir "buen rollo", hay que ofrecer un contenido útil y valioso, emitir un clima de diálogo y complicidad cuando convenga, o presentar el adecuado rigor personal y profesional cuando lo más adecuado sea comunicar control ante tanto mensaje similar, casi todos pueriles, falsamente *originales* y sin verdadera personalidad. Porque para ser de verdad original tendrás que formarte a mucho más nivel.

Toda persona que ofrece algo en las redes sociales, productos, servicios, mensajes del tipo que sean, en el ambiguo territorio para persuadir que lo suyo es mejor de lo que tanto abunda y promocionarse a sí mismo para ser más popular, tiene que saber crear ante todo una imagen de marca (Branding), que le convierta en el principal exponente, y para eso tendrás que configurar previamente cuál es tu perfil, personal o profesional, o quizá una mezcla de ambos.

Para ello debes preguntarte cuál es el mensaje que deseas ofrecer al mundo, porque no puedes ir cambiándolo por impulso, modas, caprichos o inseguridad respecto a lo que quisieras ofrecer. Pregúntate antes de comenzar a crear tu plan de Marketing Personal Online cuál es la visión que te dirige, porque cuando lo tengas claro al mínimo detalle, todavía te faltará saber emitir los mensajes a nivel emocional, me refiero a influir en el corazón de las personas, la verdadera y auténtica Comunicación Emocional.

No creas que para ello te servirá sólo con ser sociable, simpático y accesible, pues no siempre resulta ser la mejor estrategia, teniendo en cuenta que la Red es muy amplia, el público al que accedes muy heterogéneo, en ocasiones contradictorio, con grandes diferencias en edad y formación, y tú tendrás que saber diversificar y pluralizar tu mensaje de modo que llegue a la mayor parte posible.

Alcanzar el corazón de las personas se logra empatizando, sabiendo manejar los resortes de la Inteligencia Emocional. Conocer a fondo lo que de verdad desean los demás, a nivel tan profundo y psicológico que ni siquiera ellos lo sepan, con lo cual tu imagen y tu comunicación irán más allá de lo superfluo y alcanzarás una gran influencia subliminal.

Todo esto ni debe improvisarse ni fingirse, porque se trata de comunicar con claridad y estrategia lo que te apasiona, lo que te distingue de tantos otros. Es entonces cuando hallarás el modo de comunicarte y expresarte de manera que te conviertas en un icono. La próxima vez que lances mensajes en las redes sociales, recuerda que tú has de ser con tu carisma el mejor medio de transmitirlos, porque como dejase dicho el gran experto en comunicación Marsall McLuhan, "el medio es el mensaje".

Crear texto para la Red

Hemos hablado mucho de imagen y es momento de hablar sobre mensajes y argumentos. Para informar, persuadir y convencer tendrás que dominar la expresión escrita, saber cómo se redacta un texto para las plataformas online, cuáles son las estrategias para despertarás interés por escrito.

Hace unos años, con la difusión de Internet de modo popular y masivo, la gente llegó a pensar que todo se basaría en la imagen, y de manera inconsciente fue abandonándose la lectura y la escritura, pero pronto se disolvió el espejismo, ya que como muy pronto desvelarían la Red, los motores de búsqueda que ofrecen información a través de las palabras clave lo hacen usando el texto.

Todo el mundo quiere aparecer entre los primeros resultados de Google y cuantas más veces mejor, miles de veces a ser posible. Algo así no se consigue subiendo fotografías a las redes sociales, sino creando texto abundante y atractivo, lo cual implica que previamente habrás de crear una plataforma, como una Web o por lo menos un Blog. Crearla y mantenerla, eso es lo más trabajoso, porque los robots de búsqueda, cuando al entrar en un lugar no encuentra texto nuevo, van dejando poco a poco de visitar el sitio, y su posición baja en la lista de preferencias.

Dicho de otro modo, lo que quiere Google para posicionar contenidos es que sean renovados con la máxima frecuencia. Con ello queda clara la necesidad de saber escribir, crear contenidos, información útil, atractiva y valiosa, y a ser posible, que destilen además un mensaje único y original.

Si quieres relevancia online tendrás que aprender las claves de la comunicación por escrito, similares a las del Periodismo, todo ese conjunto de métodos y estrategias desarrollados por los medios de comunicación, como las revistas, la radio y la televisión, de un modo general, por la Prensa, el Marketing y la Publicidad.

En las redes sociales, como Facebook y Twitter, el texto no es menos importante por el mero hecho de que admiten pocas líneas. Más bien al contrario, ya que deberás aprender a crear mensajes de manera muy sintética y con la mayor información. Constituye un buen adiestramiento para ello estudiar cómo se crean los mensajes titulares de Prensa y los eslóganes publicitarios. Todo eso también podrás encontrarlo en los libros que te acabo de recomendar.

Lo que importa en este momento es que comprendas cómo se crean técnicamente los textos que desean los buscadores, de qué compleja manera tienes que aprender a crear un texto atractivo para las personas, interesante pero al mismo tiempo que sea bien valorado por los buscadores online, de manera que ayuden a generar un mayor flujo de visitas hacia tu plataforma. Esto es lo que se denomina SEO en el argot de Internet.

Tienes que procurar que tu plataforma online se halle bien optimizada para los motores de búsqueda y que una buena cantidad de sitios importantes establezcan enlaces (links) hacia tu plataforma, porque los buscadores de la Red lo perciben como que tiene relevancia. Y el buscador más importante de todos es Google, a él tienes que dirigir todas las claves y estrategias.

Google no mira tus bonitas fotografías, subidas a las redes sociales para cosechar muchos "me gusta". Google no le otorga importancia a las imágenes, sino al texto, de manera que si no sabes expresarte bien por escrito, serás relegado y tu plataforma no será bien visible, perderás mucha relevancia online.

Tu blog puede ser muy estético y original, pero eso tampoco interesa a Google. Lo que Google adora es el texto y las páginas sencillas de interpretar (páginas que tengan configurado un título, palabras claves, descripción..., puesto que le ahorran trabajo de rastreo y facilitan su indexación.

Los buscadores no son un equipo de personas

navegando sitios webs y midiendo su importancia. Por el contrario, son sistemas automatizados (robots de búsqueda) que navegan sitios y sólo pueden leer; no ver. Por tal motivo, la gran importancia que tiene el texto (y mucho menos las imágenes) desde el punto de vista SEO.

Todo texto debe articularse de manera similar a como lo hacen los reportajes o artículos (por eso se llaman así) de Prensa, mediante un título, la descripción apropiada, y las palabras claves específicas al artículo. ¿Por qué es tan importante configurar el título, descripción y palabras claves de cada artículo? Básicamente por tres motivos:

Estos parámetros definen como se presentará el anuncio de tu artículo en los resultados de búsqueda orgánica de Google. Es muy importante que ésta información describa con exactitud la temática de tu artículo. Así podrás captar la atención de los usuarios y motivarlos a que ingresen a tu blog para leer el artículo.

Si no están configurados, Google tiene que revisar el

contenido del post para identificar de que temática habla (lo cual le tomaría más tiempo y esfuerzo)

Google puede equivocarse y no identificar el contenido relevante del post. Es mucho mejor si especificas de qué se trata tu artículo

Tu presencia en los resultados de búsqueda es tu posibilidad de mostrar tu relevancia online, por lo tanto debes distinguirte en frente del resto de los sitios que aparecen en el listado resultado. Para esto existen recomendaciones en cuanto a la cantidad de caracteres que debe tener el título, la descripción y las palabras clave.

Otro punto importantísimo en la optimización de tu página es su velocidad de carga. Si Google percibe que tu sitio es lento, afectará negativamente a tu posicionamiento; puesto que Google no deseará que sus usuarios experimenten una mala experiencia al ingresar en tu sitio. Por eso, atención a la cantidad, al tamaño y al formato de las fotografías. Tampoco abuses de los alardes y las originalidades en el diseño de tu Web o Blog, ya que uno de los mejores diseñadores de plataformas online del mundo tiene su propia Web del modo más minimalista posible, toda ella en blanco y negro.

MARKETING LITERARIO

Te guste o no, la novela *Cincuenta sombras de Grey*, de la autora E.L. James, se ha convertido en un best-seller, generando secuelas e incluso una película. De modo consciente o no, lo que ha hecho su autora es detectar una necesidad entre las lectoras, quizá una fantasía inconfesable, que no aparece casi nunca en las encuestas, como la de ser sometida sexualmente por el varón.

Esto no es tan obvio como ahora puede parecer, a priori, ya que la sociedad está cada vez más sensibilizada hacia el maltrato de la mujer y la violencia de género, y cualquier autor a autora sensata hubiera rehuido ese tema. Valorando el gran éxito de ventas obtenido, al parecer, muchas mujeres, principalmente casadas y de una buena parte del mundo estaban deseando ser vejadas, dominadas, maltratadas y sometidas, como una condición deseable para gozar.

Puede servir de atenuante que se trata en realidad de un juego sexual, y que después de todo, afirman algunos, la novela trata en realidad sobre una historia de amor.

Este libro, escrito sin pretensiones literarias, ha venido tanto que ni los críticos lo comprenden, confirmando con ello que un best-seller no se basa en la calidad, sino en otras consideraciones, como el acertar con la temática social de actualidad.

Como las mujeres son las que en mayor porcentaje leen frente a los hombres, y sobre todo del género narrativo, parece buena idea escribir sobre mujeres, crear protagonistas femeninas. Y si la escritora es mujer, mucho mejor.

Esto es lo que viene ocurriendo desde hace ya más de una década, lo cual no es impedimento para que no hayan triunfado novelas no enfocadas al público femenino ni escritas por una mujer, como es el caso de *La sombra del viento*, uno de los mayores bestseller de todos los tiempos, escrito por el barcelonés afincado en Los Ángeles Carlos Ruiz Zafón, cuyas ventas ascienden a los diez millones de ejemplares en todo el mundo.

El peligro de ser un autor súper ventas, que publica novelas de un tema muy definido, es que cuando se pasa la moda de dicho tema, pueden bajar tan rápido como han subido, porque lo que cuesta es mantenerse, conseguir que la siguiente novela sea diferente y también sobre un tema que movilice la conciencia de miles de lectores. Algo que ni siquiera ha logrado Zafón con la continuación de su célebre novela, cada vez menos vendida y con menos calidad.

Otro tanto le sucedió a Ildefonso Falcones, que según algunos es el típico autor prefabricado por las editoriales para vender un libro a base de mucha publicidad, como en su caso *La catedral del mar*. Pero en la siguiente novela, cuando la editorial retira su apoyo publicitario, el autor suele caer estrepitosamente, ya que todo era un montaje del marketing editorial. Entonces, al haber bajado las ventas, la editorial ya no le sigue promocionando, y en su lugar, buscan a otro autor para convertirlo en el siguiente súper ventas. Imagina la frustración que sentirá el escritor que ha llegado tan alto, descubriendo que ha sido todo parte de un montaje, que su talento no era tan alto como el presupuesto en publicidad y las gestiones mediáticas emprendidas para lanzarlo.

Algunos autores de tipo best-seller van manteniéndose año tras año, porque tienen un buen número de lectores muy fieles a su temática en particular, como es el caso de Javier Sierra, un escritor de temática misteriosa, ocultista y paranormal que sabe moverse muy bien en los vericuetos del marketing editorial para promocionar sus propias obras.

EPÍLOGO

El novelista, ensayista y semiólogo italiano Umberto Eco, famoso por su formidable novela histórica *El nombre de la rosa*, resumió con un interesante párrafo el secreto para escribir una novela. En su ensayo *Come si scrive un romanzo*, indicaba lo siguiente para escribir un texto narrativo:

"Introduciría en el ordenador cerca de un centenar de novelas, otro centenar de textos científicos, la Biblia, el Corán, unas pocas agendas telefónicas (muy buenas para los nombres). Alrededor de cien o ciento veinte mil páginas. Entonces usaría un programa que los mezclara todos de forma simple y aleatoria, e hiciera unos pocos cambios —como quitar todas las Aes. De esta manera tendría una novela y a la vez un lipograma. El siguiente paso sería imprimirlo todo y leerlo cuidadosamente unas cuantas veces, subrayando los pasajes importantes. Entonces lo cargaría todo en un camión y lo llevaría al incinerador más próximo. Mientras estuviera ardiendo me sentaría debajo de un árbol con un lápiz y una hoja de papel y dejaría que mis pensamientos vagaran hasta que se me ocurriesen un par de líneas, por ejemplo: *La luna estaba en lo alto del cielo — el bosque susurra*. Al principio, claro, no sería tanto una novela como un haiku. Pero eso no importa. Lo verdaderamente importante es construir un comienzo".

CONTENTS

FIGURES AND TABLES

FIGURES

TABLES

ACKNOWLEDGMENTS

I am deeply indebted to many individuals whose work and conversations have inspired me to embark on this research. W. J. T. Mitchell has given me enthusiastic and unwavering support since the time we were fellows together at the Wissenschaftskolleg zu Berlin in 2004–5. Our conversations over the past few years have been formative in the evolution of my book project and, in particular, his work on animated picture and media has challenged me to reread Freud. I have benefited enormously from the comments of other friends and colleagues who have read or heard earlier versions of the book chapters. I thank Ruth HaCohen, Galit Hasan-Rokem, Nancy Fraser, Jamie Monson, Reinhart Meyer-Kalkus, Karl Clausberg, Ziba Mir-Hosseini, Stefan Maul, Maria Todorova, Thomas Vesting, Helen Watanabe-O'Kelly, Scheherazade Hassan, Myles Burnyeat, Ottmar Ette, Joachim Nettelbeck, and other interlocutors at the Colloquium of the Wissenschaftskolleg zu Berlin. I am also grateful to Martin Garstecki, Gesine Bottomley, Eva von Kügelgen, and the other library and supporting staff at the Wissenschaftskolleg.

The feedback I have received from the readers and reviewers of earlier draft chapters has helped clarify my argument or strengthen the research. I am grateful to Elizabeth Helsinger, Arnold Davidson, Louis Menand, John Forrester, Colin Wright, Mark C. Taylor, Eugene Thacker, N. Katherine Hayles, Neal Curtis, George Steinmetz,

John Rajchman, Victoria de Grazia, and Anne Boyman for their generous comments, insights, and research tips. In addition, I have had the opportunity to present this research in the form of invited lecture or seminar at the English Institute at Harvard University; the Center for Research on the Arts, Social Sciences, and the Humanities at the University of Cambridge; the Institute for International and Intercultural Studies at the Universitat Autonoma de Barcelona; the Department of Comparative Literature at the University of Chicago, along with the Department of East Asian Languages and Civilizations, the Program in Poetry and Poetics, and *Critical Inquiry*; the Program in Translation and Intercultural Communication at Princeton University; the Wu Foundation Lecture at the Department of East Asian Languages and Literatures of Yale University; the "Voices in Cultural Studies Speaker Series" in Comparative Literary and Cultural Studies at SUNY Stony Brook; and the English Department of Hebrew University. Over the past few years, I have reported on my ongoing research at symposia and workshops such as the "Empire, Postcolonialism and the Human Sciences" workshop at the New School for Social Research; a conference on "Moment and Methodology" at the Center for Chinese Studies at the University of California at Berkeley; the conference on "Translation" in the Department of English at the University of California at Santa Barbara; and an international conference on "Comparative Modernisms" at Tsinghua University in Beijing.

I thank the organizers of those events for their hospitality and for the feedback I received from the audiences. In particular, I am grateful to Mary Jacobus, Robert von Hallberg, Tamara Chin, Andrew Jones, Haun Saussy, Jami Xu, Martin Kern, Yunte Huang, Sean Golden, Joaquin Beltran, Sara Rovira, Ira Livingston, Iona Man-Cheong, Judith Zeitlin, Wu Hung, Wang Zhongchen, Meng Yue, and Benjamin Fong. I acknowledge with gratitude the journals and publishers that have allowed me to reuse some of my published work. Chapters 3 and 4 include long sections that were originally published in the journal *Critical Inquiry*. The articles are "iSpace: Printed English after Joyce, Shannon, and Derrida" (Spring 2006, pp. 516–50) and "The Cybernetic Unconscious: Lacan, Poe, and French Theory" (Winter 2010, pp. 288–320). Chapter 5 includes sections that have been printed in a special issue of *Culture, Theory and Critique*, a journal published by Routledge, Taylor & Francis Group, devoted to the work of W. J. T. Mitchell; my essay is entitled "The Pictorial Uncanny" (July 2009, pp. 209–30). I thank many other publishers who have kindly granted the copyright permissions for me to use illustrated material; they are acknowledged in the captions of individual illustrations. I am also thankful for Yu Xiaodan's technical assistance with the preparation of a number of digital images included in this book.

My gratitude to my editor Alan Thomas, the Editorial Director for Humanities and Social Sciences at the University of Chicago Press, goes deeper than the hard work of getting this book published. Alan must have seen something in my research before I fully comprehended it myself, and he invited extremely perceptive reviewers to read and critique an earlier version of the manuscript. These anonymous reviewers made important suggestions that helped me revise and, essentially, remake the book. The process of working with Alan and the University of Chicago Press over the past few years has been a most edifying and enjoyable journey of discovery and self-discovery. I thank Randy Petilos for his assistance and Michael Koplow for copyediting the book manuscript and for being an enthusiastic and meticulous reader.

As the manuscript of this book was being copyedited in the spring of 2010, I had the good fortune of joining the faculty seminar on "Networks and Networking" organized by Mark C. Taylor at the Institute of Religion, Culture, and Public Life, Columbia University, where I benefited a great deal from the discussions of the works we read. At Mark's suggestion, the group also read and discussed my manuscript and gave me their excellent feedback, which I tried to incorporate into the book itself. I would like to thank, in particular, McKenzie Wark, Casey Haskins, Michael Como, Rachel McDermott, Joshua Dubler, Giovanna Borradori, Karl Chu, Jeffrey L. Richey, and Richard R. John for giving me helpful suggestions and references or pointing out the errors and typos in the manuscript. I thank Emily Brennan at the Institute of Religion, Culture, and Public Life for facilitating the seminar meeting.

My research assistants and graduate students Zhong Yurou, Anatoly Detwyler, Gal Gvili, Zhang Li, and Meng Liansu have contributed their share to the research of this book. Their enthusiasm and intellectual curiosity have resulted in a number of stimulating workshops and seminar discussions. Anatoly and Richard So put together a successful workshop on "The Geopolitics of Writing and Technology" at Columbia University in 2009, which generated some lively interest in the relationship of literature and media. Li Tuo, my companion and interlocutor, saw the project from the amorphous early stage to its completion. His erudition in film and visual culture has enriched my understanding of modernism in no small measure, and I thank him for his contribution and his emotional support.

U.S. or Japan to recognize a Freudian robot amongst us, nor does a living body (and head) need to hook up with some cutting-edge prosthetic devices to become a Freudian robot.[3] The Freudian robot need not be made of plastic, metal, or silicon, since the redoubled simulacra of flesh-and-blood humans and their thinking machines are fluid and dynamic, never ceasing to traverse the physical and sensorial boundaries we try to maintain for our phenomenal world. In that sense, a cyborg with her/his/its psychic states is already a kind of Freudian robot, and all cyber-literate humans have the potential of simulating intelligent machines simulating human beings ad infinitum before they turn into Freudian robots themselves, unless something else comes along and intervenes . . .

Exactly what that something else is and how it will come about remains an open question. Insofar as modern philosophers and self-reflexive scientists are concerned, an alternative and more imaginative notion of humanity, technology, and their capability for change and evolution—as opposed to what we can glimpse in the terrible truths of the Freudian robot I discuss in this book—must begin by acknowledging that scientific knowledge is limited and limiting, and that our truths are always conditioned and our future uncertain. This, of course, is not news. Quantum physicist Werner Heisenberg already saw the scientific endeavors of his own time in that light.

What concerned Heisenberg in the mid-twentieth century was the future of modern civilization and how the fateful entanglement of humans and their machines was foretold by ancient philosophers. In his 1953 lecture "The Picture of Nature in Contemporary Physics" ("Das Naturbild der heutigen Physik"), Heisenberg shows how a familiar ancient parable by philosopher Zhuangzi (c. 369–286 BCE) staged a powerful confrontation between one of Confucius's disciples who argued for the good of technology to save labor and achieve efficiency and his opponent—an old Daoist gardener—who took an uncompromising ethical and philosophical stance to reject that argument.[4] In that confrontation, Heisenberg discovered that philosophical reflections upon the existential and moral entanglement between human beings and their machines did not begin with the modern age but went back several millennia to at least the beginning of recorded history.

---

3. For the making of Cog and other robots at the MIT Artificial Intelligence Laboratory, see Rodney A. Brooks, *Flesh and Machines: How Robots Will Change Us*, 69–91.

4. Werner Heisenberg, *The Physicist's Conception of Nature*, 7–31.

Within a few years of the publication of Heisenberg's lecture, the same Zhuangzi text reemerged verbatim in McLuhan's *Understanding Media*. Here the ancient parable is quoted once again as a tribute to the quantum physicist for teaching us that technological change alters not only our habits of life, but our patterns of thought and valuation.[5] Here is the twice quoted text from the third century BCE:

> Zigong [Tzu-Gung] traveled south, and on his way back through Jin, as he passed along the south bank of the river Han, he saw an old man working in his vegetable garden. The man had hollowed out an opening by which he entered the well and from which he emerged, lugging a pitcher, which he carried out to water the fields. Grunting and puffing, he used up a great deal of energy and produced very little result. "There is a machine for this sort of thing," said Zigong. "In one day it can water a hundred fields, demanding very little effort and producing excellent results. Wouldn't you like one?" The gardener raised his head and looked at Zigong. "How would it work?"
>
> "It's a contraption called *gao* and is made of a piece of wood. The wood is shaped so that the back end is heavy and the front end light and it raises the water as though it were pouring it out, so fast that it seems to boil right over! It's called a well sweep." A scornful smile appeared in the old man's face, and he said, "I have heard my teacher say that whoever uses machines [*jixie*] does all his work in the manner of a machine [*jishi*]. He who does his work in the manner of a machine lets his mind run like a machine [*jixin*], and he who carries his machine-like mind around loses his pure innocence. Without the pure innocence, the life of the spirit knows no rest. Where the life of the spirit knows no rest, the Way will cease to buoy you up. It's not that I don't know about your machine. I would be ashamed to use it!"
>
> Zigong blushed with chagrin, looked down, and made no reply. After a while, the gardener said, "Who are you, anyway?"
>
> "A disciple of Kung Qiu [alias Confucius]."[6]

5. This was, of course, McLuhan's free interpretation of Heisenberg's reworking of the subject-object relationship for quantum mechanics.

6. The English translation by Heisenberg's translator contains numerous errors and inaccuracies. Here I have adopted Burton Watson's translation and modified his text slightly according to my reading of the original. See Zhuangzi. *The Complete works of Chuang Tzu*, translated by Burton Watson, 134–35. For Heisenberg's own quote of the Zhuangzi in translation, see *The Physicist's Conception of Nature*, 20–21; for McLuhan's quote of the same, see *Understanding Media: The Extensions of Man*, 63.

Wearing the mask of the old gardener, Zhuangzi attacks Zigong and his rationalizing of machine to demonstrate where and how Confucius's teaching has erred. Machine, efficiency, and technical skill are each scorned by him in a fierce celebration of the unfettered spirit and the Way or *Dao*. And it is not for nothing that water management happens to be the focal point of Zhuangzi's parable, which, incidentally, would have some bearing upon Martin Heidegger's discussion of the hydroelectric plant in the river Rhine and his notion of the "standing reserve" (*Bestand*).[7] I am alluding to possible intertextual connections here because Heidegger's well-known essay "The Question Concerning Technology" ("Die Frage nach der Technik"), in which the above discussion occurs, is based on a public lecture he prepared in response to Heisenberg's own lecture, "The Picture of Nature in Contemporary Physics." Both lecture events took place in a symposium hosted by the Bavarian Academy of Fine Arts in Munich in November 1953.[8]

Being lifted out of its context, Zhuangzi's diatribe against Confucian teaching would have remained utterly foreign to Heisenberg or McLuhan and mostly likely would have escaped their notice. This should not matter much because they did not turn to the ancient parable to appreciate the old gardener's opposition to machine but used it to articulate their own conflicted views about modern science and technology. Nevertheless, there is something in Zhuangzi that resonates deeply with their understanding of how humans relate to their machines at some fundamental psychic levels. Heisenberg writes: "[T]he far-reaching changes in our environment and in our way of life wrought by this technical age have also changed dangerously our ways of thinking."[9] More than two thousand years ago, Zhuangzi taught us that our machines were not just tools or prosthetic devices that could perform wonderful tasks for humans; they were also agents of psychic (and social) transformation. On the basis of that understanding, the old gardener takes up a philosophical position against Zigong's prosthetic view of machines, which is being dismissed as flawed and ethically unacceptable. The point of this parable, however, can easily be misconstrued.

---

7. "What the river is now, namely, a water-power supplier, derives from the essence of the power station." Heidegger, *The Question Concerning Technology*, 16. This point is presumably related to his reaction to Heisenberg's essay.

8. This is not the place to evaluate the exchange between Heisenberg and Heidegger on the question of technology. For a discussion of the Heisenberg-Heidegger exchange, see Cathryn Carson, "Science as Instrumental Reason: Heidegger, Habermas, Heisenberg," *Continental Philosophy Review*, December 5, 2009, http://www.springerlink.com/content/e5772880g7750031/.

9. Heisenberg, *The Physicist's Conception of Nature*, 20.

The tension Zhuangzi asks us to contemplate is not a facile opposition between some irrational human love and hate of machines but rather a carefully stated antithesis of two different conceptions of human-machine relationship, one being the prosthetic/instrumental view and the other interactive/transformational view. And this is what brought the ancient parable closer to the time of Heisenberg and McLuhan, making it speak to an often reiterated questioning in the discussion of technology: Do human beings become masters of their machines, or their slaves?

Relevant to our discussion is the etymology of the word "robot," which originally denotes "slave" through its association with the Czech word *robota,* meaning "compulsory labor." Some robot engineers such as Rodney Brooks try to distance themselves from the idea that humans use robots as their new slaves; Brooks asks, "Is there, or will there ever be, enough similarity to us in our humanoid robots that we will decide to treat them in the same moral ways we treat other people and, in varying degrees, animals?"[10] This curious moral stance is complicated by an observation Brooks makes elsewhere in *Flesh and Machines.* Recalling his childhood experience of watching the Stanley Kubrick film *2001: A Space Odyssey* (1968) and in particular the robot character HAL, Brooks writes: "HAL turns out to be a murdering psychopath, but for me there was little to regret in that."[11] Not only is HAL a murdering psychopath, but he murders astronauts and engineers whom he is supposed to serve. It appears that something or someone is missing in this parade of robot-slaves and robot-psychopaths . . . Recognizing a similarly missing figure in a different context, Jacques Lacan observes: "[W]hen people had become acquainted with thermodynamics, and asked themselves how their machine was going to pay for itself, they left themselves out. They regarded the machine as the master regards the slave—the machine is there, somewhere else, and it works. They were forgetting one thing, that it was they who had signed the order form."[12] And what are they?

"It's unfortunate that we've become slaves to these damned things [computers]."[13] Admiral Thomas H. Moorer's reply to the investigation by the U.S. Senate Armed Services Committee on the secret bombing of Cambodia in 1969–70 is well worth recalling here. When President Richard

10. Brooks, *Flesh and Machines,* 154. For an extended treatment of this and other issues relating to machine and morality, see Wendell Wallach and Colin Allen, *Moral Machines: Teaching Robots Right from Wrong.*

11. Brooks, *Flesh and Machines,* 64

12. Jacques Lacan, *The Ego in Freud's Theory and in the Technique of Psychoanalysis,* 83

13. ". . . Admiral and Computer," *New York Times,* August 14, 1973.

intelligence and of more dazzling performances than any specialized automaton.[2]

Although the technical distinction between robots and automata is helpful in some respects, it still leaves an old puzzle untouched: Fundamentally, why should a machine be made to resemble or duplicate a human being? Is narcissism a necessary (psychic) condition for the development of technological prosthesis, as Marshall McLuhan once suggested? Furthermore, does the logic of reciprocity compel human beings to imitate their machines just as much as the machines are built to resemble them, keeping an infinite feedback loop of simulacra or doppelgänger in place? If so, is there a psychic force that drives the feedback loop of human-machine interchange even before the reverse engineering of the human brain becomes possible? Finally, does this feedback loop obey a set of laws once speculated by Freud as the compulsion to repeat, the unconscious, the death drive, and so on?

These questions have guided the main thrust of my inquiry and research in this book, leading toward a number of specific discoveries concerning, for example, the ideographic writing (strictly speaking, not "language") of digital media and its fundamental connections with the Freudian and Lacanian hypotheses about the unconscious. One discovery worth highlighting at the outset is the emergence of Freudian robots in the postwar Euro-American world order. Who is a Freudian robot? My preliminary answer is that any networked being that embodies the feedback loop of human-machine simulacra and cannot free her/him/itself from the cybernetic unconscious is a Freudian robot. This definition should have no trouble accommodating cyborgs, androids, and all robots of the present and the future. But does it also apply to human beings who prefer not to associate themselves with cyborgs or machines?

It seems that whenever we take prototype robots from industrial laboratories or science fiction too literally, we forget to ask what has become of the psyche of the people who make them and use them—a psyche that has evolved along with their intelligent machines. Essentially, one does not need to encounter a HAL 9000 or an actual robot manufactured in the

---

2. A robot needs to be embodied as well as situated, which means that it should have the ability to react to the changing environment and adopt a new course of action accordingly. Such a feedback loop does not exist between an automaton and its environment. See Brooks, *Flesh and Machines*, 51–55. Jacques Vaucanson's Defecating Duck and the Jaquet-Droz family's the Musician, the Drawer, or the Writer are some of the best-known eighteenth-century automata based on the mechanical simulations of animal or human life. For recent studies of mechanical automata, see Jessica Riskin, "The Defecating Duck, or, the Amibiguous Origins of Artificial Life."

INTRODUCTION
The Psychic Life of Digital Media

> The distinction between us and robots is going to disappear.
>
> Rodney A. Brooks, *Flesh and Machines*

What is a Freudian robot? Is it an intelligent automaton or a fundamentally different creature? Writers of science fiction, robot engineers, and pundits and critics of artificial intelligence have written a great deal about humanoids, androids, cyborgs, and all kinds of robots that have been either built or conceived for future development. They point to some basic differences between robots and traditional automata. A robot is digital and is based upon the idea of communication networks of finite-state machines. An automaton, on the other hand, is widely understood to rely on the mechanical principles of clockwork and is usually limited to one special skill.[1] This elementary distinction explains why a robot, even without the benefit of consciousness, is capable of greater

---

1. The moment of conceptual shift from the automaton to the robot in this sense is marked by Warren McCulloch and Walter Pitts's work on neural networks in 1943 and by John von Neumann's proposition of "cellular automata" in 1948. See McCulloch and Pitts, "A Logical Calculus of the Ideas Immanent in Nervous Activity," and von Neumann, "The General and Logical Theory of Automata."

Lydia H. Liu is the W. T. Tam Professor in the Humanities in the Department of East Asian Languages and Cultures and director of graduate studies at the Institute for Comparative Literature and Society at Columbia University. She is the author or editor of seven books in English and Chinese, most recently of *The Clash of Empires: The Invention of China in Modern World Making.*

The University of Chicago Press, Chicago 60637
The University of Chicago Press, Ltd., London
© 2010 by The University of Chicago
All rights reserved. Published 2010
Printed in the United States of America

19 18 17 16 15 14 13 12 11 10   1 2 3 4 5

ISBN-13: 978-0-226-48682-6 (cloth)
ISBN-13: 978-0-226-48683-3 (paper)
ISBN-10: 0-226-48682-6 (cloth)
ISBN-10: 0-226-48683-4 (paper)

Library of Congress Cataloging-in-Publication Data
Liu, Lydia He.
  The Freudian robot : digital media and the future of the unconscious / Lydia H. Liu.
    p. cm.
  Includes bibliographical references and index.
  ISBN-13: 978-0-226-48682-6 (cloth : alk. paper)
  ISBN-10: 0-226-48682-6 (cloth : alk. paper)
  ISBN-13: 978-0-226-48683-3 (pbk. : alk. paper)
  ISBN-10: 0-226-48683-4 (pbk. : alk. paper)   1. Conscious automata—Moral and ethical aspects. 2. Cybernetics—Moral and ethical aspects. 3. Robotics—Moral and ethical aspects. 4. Robotics—Human factors.   I. Title.
  Q325.L58 2010
  003'.5—dc22   2010031364

LYDIA H. LIU

The Freudian Robot

Digital Media and the Future of the Unconscious

The University of Chicago Press
Chicago and London